CONTEÚDO DIGITAL PARA ALUNOS

Cadastre-se e transforme seus estudos em uma experiência única de aprendizado:

1 Entre na página de cadastro:
https://sistemas.editoradobrasil.com.br/cadastro

2 Além dos seus dados pessoais e dos dados de sua escola, adicione ao cadastro o código do aluno, que garantirá a exclusividade do seu ingresso à plataforma.

5755477A1158890

3 Depois, acesse:
https://leb.editoradobrasil.com.br/
e navegue pelos conteúdos digitais de sua coleção :D

Lembre-se de que esse código, pessoal e intransferível, é valido por um ano. Guarde-o com cuidado, pois é a única maneira de você acessar os conteúdos da plataforma.

CB037175

Editora do Brasil

AGUSTINA ARIAS

5
ENSINO FUNDAMENTAL

3ª EDIÇÃO
SÃO PAULO, 2023

Dados Internacionais de Catalogação na Publicação (CIP)
(Câmara Brasileira do Livro, SP, Brasil)

Arias, Agustina
   Brincando com espanhol 5 : ensino fundamental :
anos iniciais / Agustina Arias. -- 3. ed. --
São Paulo : Editora do Brasil, 2023. --
(Brincando com)

   ISBN 978-85-10-08986-9 (aluno)
   ISBN 978-85-10-08985-2 (professor)

   1. Espanhol (Ensino fundamental) I. Título.
II. Série.

23-158177   CDD-372.6

Índices para catálogo sistemático:
1. Espanhol : Ensino fundamental   372.6
Cibele Maria Dias - Bibliotecária - CRB-8/9427

© Editora do Brasil S.A., 2023
Todos os direitos reservados

Direção-geral: Paulo Serino de Souza

Diretoria editorial: Felipe Ramos Poletti
Gerência editorial de conteúdo didático: Erika Caldin
Gerência editorial de produção e design: Ulisses Pires
Supervisão de design: Dea Melo
Supervisão de arte: Abdonildo José de Lima Santos
Supervisão de revisão: Elaine Cristina da Silva
Supervisão de iconografia: Léo Burgos
Supervisão de digital: Priscila Hernandez
Supervisão de controle e planejamento editorial: Roseli Said
Supervisão de direitos autorais: Jennifer Xavier

Supervisão editorial: Carla Felix Lopes
Edição: Jamila Nascimento
Assistência editorial: Marcos Vasconcelos
Auxílio editorial: Natalia Soeda
Revisão: Alexander Barutti, Andréia Andrade, Beatriz Dorini, Gabriel Ornelas, Mariana Paixão, Martin Gonçalves, Rita Costa, Sandra Fernandes e Sheila Folgueral
Pesquisa iconográfica: Maria Santos
Tratamento de imagens: Robson Mereu
Projeto gráfico: Estúdio Obá e Gisele Baptista de Oliveira
Capa: Megalo Design e Talita Lima
Imagem de capa: Guilherme Asthma
Edição de arte: Bruna Souza e Carla Ferreira
Ilustrações: André Aguiar, DAE (Departamento de Arte e Editoração), Diego Tomé, Estúdio Dois de Nós e Ilustra Cartoon
Editoração eletrônica: NPublic / Formato Comunicação
Licenciamentos de textos: Cinthya Utiyama, Ingrid Granzotto, Renata Garbellini e Solange Rodrigues
Controle e planejamento editorial: Bianca Gomes, Juliana Gonçalves, Maria Trofino, Terezinha Oliveira e Valéria Alves

3ª edição / 1ª impressão, 2023
Impresso na HRosa Gráfica e Editora

Rua Conselheiro Nébias, 887
São Paulo, SP – CEP: 01203-001
Fone: +55 11 3226-0211
www.editoradobrasil.com.br

APRESENTAÇÃO

Querido estudante,

Que tal fazer uma viagem pelo idioma espanhol e aprender brincando? Vamos fazer um passeio divertido e alegre para conhecer uma das línguas mais faladas do mundo e nos conectar com os mais de 400 milhões de falantes de espanhol?

Embarque nessa viagem com a coleção **Brincando com Espanhol**, agora com novo visual e novas atividades interessantes e divertidas.

Com temas de seu dia a dia, músicas e atividades desafiadoras, você aprenderá a se comunicar, irá brincar, cantar, escutar e falar espanhol. Vai também conhecer um novo mundo ao entrar em contato com a cultura de diferentes países e se sentirá pertinho deles.

Nossos amigos, os personagens da coleção, acompanharão você nessa viagem com muita alegria e diversão.

Ficou curioso? Então abra seu livro e boa viagem!

A autora

CURRÍCULO DA AUTORA

AGUSTINA ARIAS

- Pesquisadora, licenciada em Pedagogia e Artes Plásticas
- Docente de espanhol e inglês como línguas estrangeiras, com atuação em diversas instituições de ensino de São Paulo
- Autora de livros didáticos e paradidáticos para o ensino de Línguas Estrangeiras

SUMARIO

¡JUGUEMOS! **07**

UNIDAD 1
La gente y el trabajo **15**

UNIDAD 2
Los deportes **25**

UNIDAD 3
¿Diferente? **35**

UNIDAD 4
El transporte hacia
la escuela **45**

UNIDAD 5
Mi casa y el
medio ambiente **55**

UNIDAD 6
El tiempo **65**

UNIDAD 7
Reciclar para vivir mejor **75**

UNIDAD 8
La energía **85**

¡JUGUEMOS MÁS! **95**

**Fechas
conmemorativas** **103**

Diccionario visual **107**

Pistas de audio **112**

Inserciones **113**

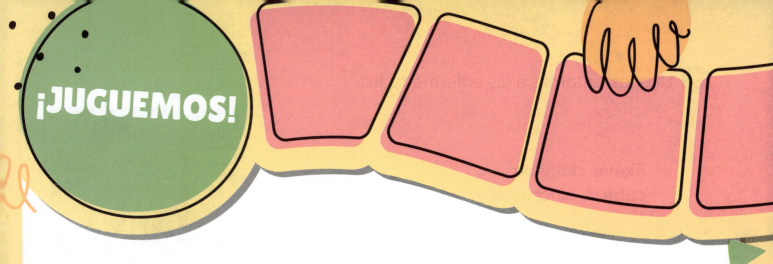

¡JUGUEMOS!

1 ¡Nuestros amigos son muy talentosos! ¿Qué instrumentos están tocando? Numéralos correctamente de acuerdo con el recuadro.

1. guitarra
2. batería
3. piano
4. flauta
5. pandereta
6. armónica

2 Une los síntomas a las enfermedades.

a) Fiebre, dolor de cabeza, hinchazón.

Resfriado.

b) Fiebre, tos, cansancio, manchas rojas por el cuerpo.

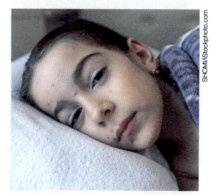
Varicela.

c) Dolor de garganta, tos, moco.

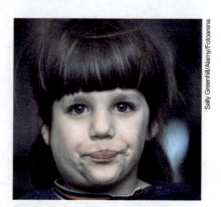
Paperas.

d) Cansancio, pérdida de apetito, lesiones en la piel, picazón.

Sarampión.

3 Encuentra en la sopa de letras el nombre de diez establecimientos del barrio.

L	I	Y	H	A	A	H	J	L	Q	R	E	J	A	U	A
I	P	G	P	E	Q	R	R	W	S	M	J	C	M	D	P
B	A	L	A	R	U	C	S	P	L	Z	I	O	M	Q	A
R	S	S	N	S	I	M	C	V	P	A	S	R	P	L	P
E	D	H	E	I	O	L	L	V	A	L	Y	R	N	E	E
R	M	T	M	I	S	L	Y	Q	N	R	L	E	X	L	L
Í	P	I	Y	M	C	M	I	S	A	B	T	O	K	M	E
A	U	K	A	X	O	J	W	N	D	T	W	U	I	D	R
C	V	O	J	T	A	G	K	X	E	F	W	Y	M	A	Í
F	A	R	M	A	C	I	A	U	R	R	W	Z	Z	O	A
K	H	S	A	O	Q	X	F	P	Í	Q	A	A	F	K	A
V	E	R	D	U	L	E	R	Í	A	Q	E	P	G	J	N
Z	M	G	N	R	Q	Z	O	J	I	Y	J	A	N	F	K
S	R	S	C	A	R	N	I	C	E	R	Í	A	Q	B	A
C	E	N	T	R	O	C	O	M	E	R	C	I	A	L	T

🟧 ¿Qué se puede comprar o hacer en esos lugares? Escríbelo.

_____
_____
_____
_____
_____
_____

4 ¿Qué hora es? Saca los adhesivos de la página 125 y pega las agujas en los relojes de acuerdo con las horas.

a) Son las nueve menos cuarto.

c) Son las doce y cuarto.

b) Son las dos y media.

d) Son las tres y treinta y cinco.

5 ¿De dónde son? Observa las imágenes y completa las frases con las nacionalidades.

a) El oso panda es _____.

b) Los nachos son _____.

c) La paella es _____.

d) La torre Eiffel es _____.

e) La Estatua de la Libertad es _____.

f) El canguro es _____.

g) El *anime* es _____.

h) El cuscús es _____.

6 Julián y Guadalupe están cocinando. Completa los globos con los verbos del recuadro.

pongan   adornen   batan   viertan

Primero, _____ los ingredientes secos en la vasija.

Después, _____ la leche de a poco.

_____ en la batidora por cinco minutos.

Ahora, _____ con crema y chocolate.

7 ¿Qué están haciendo los niños? Saca los adhesivos de la página 125 y pégalos en los lugares correctos. Después, escribe que está haciendo cada niño.

_____

_____

_____

_____

8 ¿Qué hicieron los niños en las vacaciones? Pasa por el laberinto y descubre.

■ ¿Cómo fueron tus vacaciones? Conversa con el profesor y los compañeros.

LA GENTE Y EL TRABAJO

UNIDAD 1

Niños, vamos a empezar la presentación. ¿Cuáles profesiones investigaron?

Yo investigué sobre el ingeniero. Él proyecta casas y edificios para que sean resistentes y seguros.

Los doctores actúan en diferentes especialidades. El pediatra cuida a los niños y el gerontólogo cuida a los mayores.

El periodista puede trabajar en la Internet, escribir artículos, grabar reportajes.

 Audio 1

Los maestros pueden dar clases en la escuela o en línea.

Sí, es cierto. Pero prefiero estar cerca de ustedes, niños.

ABCD VOCABULARIO

Artículo: artigo.
Doctor: médico.
En línea: on-line.
Ingeniero: engenheiro.
Maestro: professor.
Mayor: idoso.
Periodista: jornalista.
Profesión: profissão.

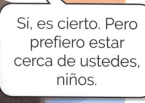

¡A VER!

1 ¿De cuáles profesiones hablan los niños? Circula.

maestra	 veterinario	 doctora
 ingeniero	 cocinero	 periodista

2 Contesta según el diálogo.

a) ¿Qué hace el ingeniero?

_____

b) ¿Cómo se llama el doctor que cuida a los niños? ¿Y el que cuida a los mayores?

_____

c) ¿Qué puede hacer un periodista?

_____

d) ¿Dónde pueden dar clases los maestros?

_____

e) ¿Qué prefiere la maestra de los niños? ¿Por qué?

_____

1 Observa el cuadro y numera las profesiones.

1. abogada
2. policía
3. moza
4. cartero
5. panadero
6. bombera
7. albañil
8. plomero
9. peluquera
10. enfermero
11. cantante
12. dependienta

 ¡VAMOS A ESCUCHAR!

Audio 2

1 ¿Qué hacen tus padres? Escucha y llena los globos.

a) Mi _____ es _____.

c) Mi _____ es _____.

b) Mi _____ es _____.

d) Mi _____ es _____.

PARA CONOCER MÁS

EL PRESENTE DE INDICATIVO

Se usa el presente de indicativo para hablar de acciones que ocurren en el momento del habla, para describir acciones que se repiten y que son estables o permanentes.

La periodista **entrevista** a personas.

El arquitecto **planea** viviendas.

La ingeniera **hace** cálculos para construcciones.

El maestro **enseña** a los estudiantes.

La dentista **cuida** la salud de la boca.

El veterinario **trata** enfermedades de los animales.

	CUIDAR	**HACER**	**ESCRIBIR**
Yo	cuido	hago	escribo
Tú	cuidas	haces	escribes
Él/Ella/UD.	cuida	hace	escribe
Nosotros(as)	cuidamos	hacemos	escribimos
Vosotros(as)	cuidáis	hacéis	escribís
Ellos/Ellas/UDs.	cuidan	hacen	escriben

ACTIVIDADES

1 ¿Qué hacen estos profesionales? Marca con una **X**.

a) El peluquero:
- ☐ apaga incendios.
- ☐ corta el pelo de las personas.

b) La bombera:
- ☐ apaga incendios.
- ☐ representa a las personas en la corte.

c) La abogada:
- ☐ entrega la correspondencia.
- ☐ representa a las personas en la corte.

d) El cartero:
- ☐ entrega la correspondencia.
- ☐ corta el pelo de las personas.

2 Completa las frases con los verbos adecuados.

> arregla   construye   escribe   enseña

a) La madre de Antonio es periodista. Ella _____ para periódicos.

b) Mi tío Javier es albañil. Él _____ muchas casas.

c) El padre de José es plomero. Él _____ tuberías.

d) Mi prima Agustina es maestra. Ella _____ a los niños en una escuela.

3 Busca en la sopa de letras las palabras del cuadro. Después, completa las frases sobre qué hacen los profesionales conjugando los verbos en presente de indicativo.

| presentar | vender | cocinar | aplicar |
| cuidar | hacer | manejar | proyectar |

a) La cantante se _____ en espectáculos de música.

b) El dependiente _____ productos en una tienda.

c) El cocinero _____ para muchas personas.

d) La veterinaria _____ las vacunas de perros y gatos.

e) La enfermera _____ a los pacientes en un hospital.

f) El panadero _____ panes y dulces en la panadería.

g) El chofer _____ el ómnibus por la ciudad.

h) La arquitecta _____ edificios comerciales.

HORA DEL RECREO

1 ¿Vamos a jugar al "quién es quién" de las profesiones? Sigue las orientaciones del profesor.

SAN SERENÍN

Audio 3

¡VAMOS A CANTAR!

San Serenín de la buena, buena vida
Hacen así, así los carpinteros
Así, así, así, así me gusta a mí

San Serenín de la buena, buena vida
Hacen así, así los zapateros
Así, así, así, así me gusta a mí

San Serenín de la buena, buena vida
Hacen así, así los violinistas
Así, así, así, así me gusta a mí

San Serenín de la buena, buena vida
Hacen así, así los escritores
Así, así, así, así me gusta a mí

San Serenín de la buena, buena vida
Hacen así, así los futbolistas
Así, así, así, así me gusta a mí

San Serenín de la buena, buena vida
Hacen así, así los boxeadores
Así, así, así, así me gusta a mí

Canción infantil.

ABCD VOCABULARIO

Carpintero: carpinteiro/marceneiro.
Futbolista: jogador de futebol.
Zapatero: sapateiro.

¡VAMOS A LEER!

LA IMPORTANCIA DE SABER LENGUAS EXTRANJERAS

Hay algunas profesiones directamente relacionadas con lenguas, como traductor, profesor de idiomas, intérprete, editor y redactor.

Pero en realidad, para cualquier profesión, saber por lo menos una segunda lengua es importante. Si decides ser un científico o investigador en cualquier área, saber un segundo idioma te abrirá espacio para mucha más literatura de estudio sobre el tema que elijas.

Si quieres ser vendedor de cualquier ítem, saber otro idioma te dará la posibilidad de atender a muchos más clientes.

Aparte que estudiar lenguas entrena tu cerebro, abre tu mente y te da la oportunidad de saber mucho más sobre otras culturas.

Ventajas de aprender lenguas:

- Mejores empleos;
- Posibilidad de carreras internacionales;
- Mayor acceso a información;
- Mejor posibilidad de conseguir becas.

VOCABULARIO

Beca: bolsa de estudos.
Científico: cientista.
Elijas (elegir): escolha (escolher).
Empleo: emprego.
Literatura: conjunto das obras que tratam de determinado tema.
Ventaja: vantagem.

Texto escrito especialmente para esta obra.

1 Subraya en el texto los nombres de las profesiones mencionadas.

2 Completa la frase de acuerdo con el texto.

_____ lenguas entrena tu _____, _____ tu _____ y te da la oportunidad de _____ mucho más sobre otras _____.

¡A VER!

1 ¿De cuáles eventos deportivos hablan Sofía y Diego?

☐ Mundial de fútbol.   ☐ Campeonato Nacional.   ☐ Olimpíada.

2 Marca verdadero (**V**) o falso (**F**).

☐ A Sofía le gusta más el Mundial de Fútbol.
☐ La familia de Diego es aficionada por el fútbol.
☐ La familia de Diego no ve otros deportes.
☐ La gimnasia artística es el deporte preferido de Diego.

3 ¿Qué deportes son mencionados en el diálogo? Circula.

ciclismo — básquet — voleibol
yudo — natación — balonmano
piragüismo — fútbol — tenis

4 ¿Y tú, eres aficionado por algún deporte? ¿Cuál practicas?

_____

 ACTIVIDAD

1 ¿Cuáles son los deportes? Observa los objetos y escribe el nombre del deporte al que pertenecen.

a)

Red y pelota.

_____

d)

Raqueta y pelota.

_____

g)

Zapatillas y obstáculos.

_____

b)

Cesto y pelota.

_____

e)

Bicicleta y casco.

_____

h)

Gorras y antiparras.

_____

c)

Meta y pelota.

_____

f)

Kimono y cinturón.

_____

i)

Piragua y remos.

_____

Audio 5

1 Escucha y marca con una **X** solamente los deportes que oyes. Después, escribe el nombre de todos los deportes.

a)

_____

c)

_____

b)

_____

d)

_____

PARA CONOCER MÁS

EL PRETÉRITO

Este tiempo se utiliza para hablar de acciones o situaciones del pasado. Expresa lo que sucedió **en un momento determinado en el pasado y se ha completado**. A menudo, la acción va acompañada de expresiones tales como anoche, anteayer, en 2015, etc.

Ejemplos:

Mi abuelo **jugó** al fútbol cuando era joven.

Ayer mi madre **salió** de compras.

Yo **hablé** con mis primos el mes pasado.

El fin de semana **viajé** a la playa.

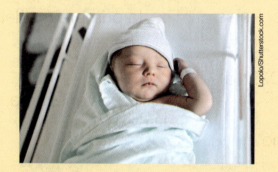

Yo **nací** en 2015.

El martes **fui** al médico.

ACTIVIDAD

1 ¿Qué deportes practican ellas? Lee las informaciones y arma las oraciones. Después, escribe cuál es la forma del verbo en el infinitivo.

a)

- Rayssa Leal
- más joven de Brasil.
- se convirtió
- en la medallista olímpica
- En 2021

_____

_____

b)

- Rebeca Andrade
- dos medallas,
- alcanzó
- en gimnasia artística.
- de oro y plata,

_____

_____

c)

- Yulimar Rojas
- la primera medalla de oro
- en 2021.
- para Venezuela,
- ganó

_____

_____

MUNDO HISPÁNICO

COBI: LA MASCOTA DE LOS JUEGOS OLÍMPICOS DE BARCELONA

En 1992 la ciudad de Barcelona en España fue la sede de los Juegos Olímpicos. La mascota del evento fue Cobi, un simpático perro inspirado en el pastor catalán, una raza de la región de la Cataluña.

Su nombre proviene de las siglas COOB (Comité Olímpico Organizador de Barcelona 92) y fue adaptado a Cobi, un nombre sencillo y fácil de pronunciar en la mayoría de los idiomas.

Sin embargo, la mascota olímpica es bastante distinta al perro. Eso porque Cobi fue diseñada al estilo cubista, el movimiento artístico creado por Pablo Picasso y Georges Braque.

Cobi brilló no solamente en la Olimpíada, pero también en la tele. La mascota tuvo su propia serie de animación, *La tropa de Cobi*, dirigida por su creador, Javier Mariscal. La serie cuenta las aventuras de Cobi y sus amigos, entre ellos, Petra, la mascota de los juegos paralímpicos.

1. Busca en la internet una imagen del pastor catalán y compárala a Cobi. ¿Cuáles son las diferencias entre ellos?

_____
_____
_____
_____

2. En 2016, Rio de Janeiro fue la sede de los Juegos Olímpicos y tuvo dos mascotas. Haz una investigación sobre ellas y preséntalas a los compañeros.

3. Investiga la mascota paralímpica Petra, de 1992, y dibújala en el cuaderno.

HORA DEL RECREO

1. ¿Qué deportes están practicando? Saca los adhesivos de la página 125 y pega las pelotas correctas para cada deporte. Después, escribe los nombres de los deportes.

2. ¿Jugamos a la memoria? Recorta las tarjetas de las páginas 113, 115, 117 y 119 y juega con un compañero.

DEPORTES

Con los deportes mi cuerpo se agita
muevo los brazos
nadando con pasión;
al fútbol lo juego
con mucha atención,
y la gimnasia olímpica
exige concentración;
el volei, el yudo, la navegación,
con vela o sin ella, los practico
con dedicación.

Texto escrito especialmente para esta obra.

¡VAMOS A CANTAR!

ABCD VOCABULARIO

Pasión: paixão.

¡VAMOS A LEER!

MESSI: BIOGRAFÍA

Infancia

De chiquito siempre estaba con la pelota, me gustaba jugar a todo, pero la pelota era lo máximo, además, en mi familia somos todos futboleros, jugaban mis hermanos, mis primos, todos... El fútbol siempre fue el tema principal en casa. Así que cuando pude, a mis cuatro años estaba jugando en un club de barrio.

Mi primer club fue el Grandoli, quedaba cerca de mi barrio y a los ocho años llegué a Newell's, mi hermano Rodrigo jugaba en el club y le pidieron desde el coordinador general que me llevara a jugar a ese club con las categorías inferiores.

Viví poco en Argentina ya que me fui a los 13 años. Al Barcelona lo empecé a seguir de chico y poco tiempo después salió la posibilidad de ir a jugar al club, tenía mucha ilusión y ganas de ir porque me parecía algo inalcanzable.

Siempre fui uno de los más bajitos en la cancha porque tenía un problema de crecimiento, iba a crecer, pero lento. Así que todos los días me tenía que inyectar en las piernas como parte del tratamiento, al principio dolía pero después uno se acostumbra. [...]

VOCABULARIO

Club: time.
Empecé (empezar): comecei (começar).
Ganas: vontade.
General: geral.
Ilusión: sonho.

Biografía. *Messi*, Argentina, c2023. Disponible en: https://messi.com/biografia/. Accedido el: 4 mayo 2023.

1 ¿Quién es el autor del texto?

☐ Messi.   ☐ Un biógrafo.

2 Completa las frases con las informaciones de Messi.

a) Su primer club fue _____.

b) A los ocho años _____.

c) A los 13 años _____.

3 ¿Qué parte de esta biografía te impactó más? ¿Por qué?

_____

¿DIFERENTE?

UNIDAD 3

Raquel, ¿sabías que el último miércoles de abril de cada año se celebra el Día del perro guía?

Sí, lo sabía. Me gustaría mucho tener uno. Mis padres están intentando, pero es difícil conseguirlo.

Con un perro guía puedo ir a todas partes con más seguridad.

Audio 7

Es difícil andar por las veredas sin rampas de acceso.

A mí me gustaría que todas las calles fueran adaptadas a las sillas de ruedas.

VOCABULARIO

Fueran (ser): fossem (ser).
Perro guía: cão-guia.
Rampa de acceso: rampa de acesso.
Seguridad: segurança.
Silla de ruedas: cadeira de rodas.

 **¡A VER!**

1 ¿Cuándo se celebra el Día del perro guía?

☐ El primer miércoles de abril.

☐ El último miércoles de abril.

2 ¿En qué fecha será/fue celebrado el Día del perro guía este año?

_____

3 Completa las frases de acuerdo con el diálogo.

a) Con un perro guía, Raquel _____

_____

b) A Pepe le gustaría que _____

_____

4 ¿Qué tipo de discapacidad tienen Raquel y Pepe? Lee las informaciones y pinta los cuadritos de acuerdo con los subtítulos.

🔴 Raquel   🟢 Pepe

☐ **Discapacidad auditiva:** Es la dificultad o la imposibilidad de usar el sentido de la audición. Una persona con esta discapacidad será incapaz o tendrá problemas para escuchar.

☐ **Discapacidad visual:** Es la dificultad o la imposibilidad de usar el sentido de la visión. La persona con esta discapacidad no puede percibir la forma, distancia, posición, tamaño y color de todo lo que nos rodea o tiene problemas para hacerlo.

☐ **Discapacidad motriz:** Es la dificultad o la imposibilidad de moverse. Una persona con esta discapacidad tendrá dificultades o incapacidad de controlar y mover el cuerpo.

ACTIVIDAD

1 Observa la imagen y numera los elementos de acuerdo con el cuadro.

1. Bastón.
2. Sistema Braille.
3. Rampa de acceso.
4. Silla de ruedas.
5. Podotáctil.
6. Lengua de signos.
7. Ascensor.
8. Perro guía.
9. Muletas.
10. Prótesis.

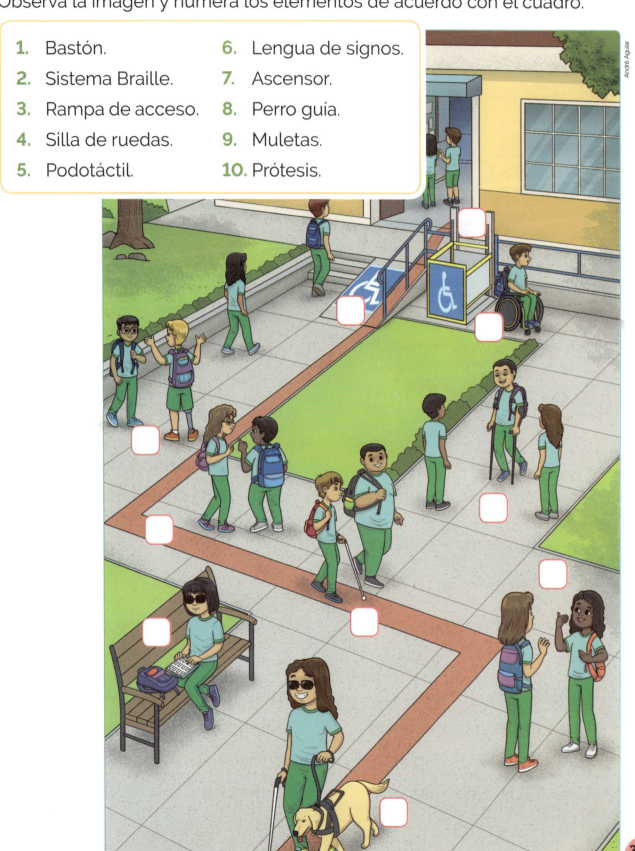

PARA CONOCER MÁS

EL PRESENTE DE INDICATIVO – VERBOS IRREGULARES

Vamos a conocer algunos verbos irregulares en presente de indicativo.

Maite **juega** al básquet en silla de ruedas.

j**u**gar – j**ue**ga

Antonio se **mueve** con la prótesis de pierna.

m**o**ver – m**ue**ve

Yo **entiendo** la lengua de signos.

ent**e**nder – ent**ie**ndo

María se **divierte** con sus amigos.

div**e**rtir – div**ie**rte

	JUGAR	ENTENDER	DIVERTIR
Yo	j**ue**go	ent**ie**ndo	div**ie**rto
Tú	j**ue**gas	ent**ie**ndes	div**ie**rtes
Él/Ella/Ud.	j**ue**ga	ent**ie**nde	div**ie**rte
Nosotros(as)	jugamos	entendemos	divertimos
Vosotros(as)	jugáis	entendéis	divertís
Ellos/Ellas/Uds.	j**ue**gan	ent**ie**nden	div**ie**rten

 **ACTIVIDAD**

1 Llena los globos con los verbos del cuadro.

puedo   volvemos   Quieres   tiene

a) ¿_____ jugar al fútbol? Esta pelota es sonora.

b) Yo _____ andar tranquilamente por el podotáctil.

c) Este teatro _____ intérprete de lengua de signos.

d) Nosotros _____ de la escuela en este ómnibus con ascensor.

SOY CIUDADANO

¡CAPACITISMO NO!

El capacitismo es una forma de discriminación contra las personas con discapacidad. Es un prejuicio que tiene como base la "capacidad" de las personas y las considera inferiores si tienen una discapacidad. La palabra capacitismo es nueva, pero este prejuicio existe hace mucho tiempo. Muchas veces usamos palabras y expresiones discriminatorias sin saberlo. Mira algunas expresiones capacitistas para sacar las de tu vocabulario.

¿Estás ciego/sordo/mudo?

Las personas que tienen discapacidad visual, auditiva o de habla no son inferiores, por eso su condición no debe ser considerada algo malo.

¿Eres retardado mental?

El atraso mental o la discapacidad intelectual es un trastorno neuropsiquiátrico que necesita diagnóstico médico. Usar el término para ofender a alguien refuerza una falsa idea de superioridad.

Estoy muy autista hoy.

Usar esta expresión para referirse a sí mismo u otra persona es muy malo. Los Trastornos del Espectro Autista (TEA) son una condición permanente que alteran las capacidades de comunicación y socialización, por eso no podemos usar el término autista para hablar de un momento en que estamos más introspectivos. Debemos comprender y respetar esas características.

Él/ella es discapacitado(a).

Esa expresión es equivocada porque pasa la idea de que la persona es totalmente inapta, y eso no es verdad. El hecho de tener una discapacidad no hace que la persona sea completamente incapaz.

1. ¿Qué frases podemos usar para sustituir esas expresiones capacitistas? Júntate con un compañero y escriban en el cuaderno una frase para cada expresión.

¡VAMOS A ESCUCHAR!

Audio 8

1 ¿Vamos a conocer a algunas personas famosas con discapacidad? Escucha y enumera las imágenes.

a)
☐ Andrea Bocelli

c)
☐ Frida Kahlo

b)
☐ Daniel Dias

d)
☐ Maju de Araújo

HORA DEL RECREO

1 ¿Vamos a aprender el abecedario de Libras? Saca los adhesivos de la página 127 y complétalo.

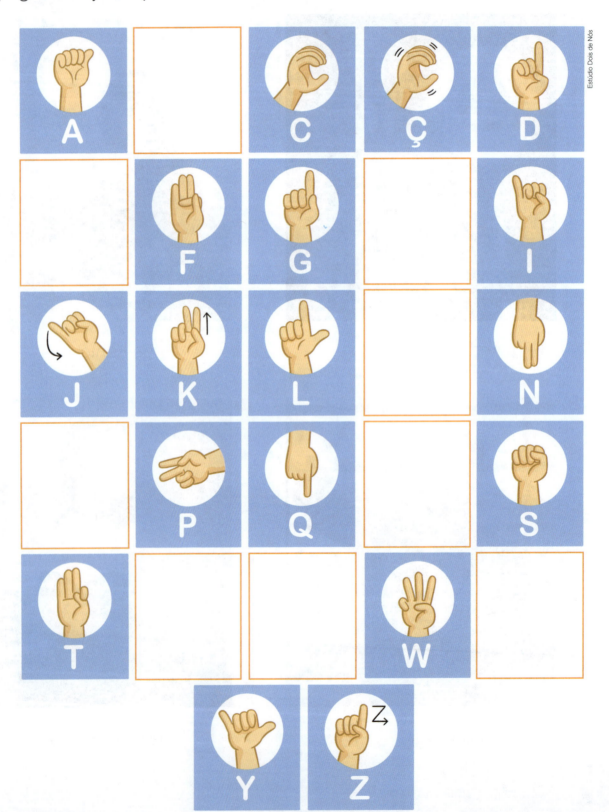

COMO VEO EL MUNDO

Veo el mundo de un modo diferente,
y para eso, uso las manos,
siento las vibraciones de los sonidos.
Y sé cuándo estás contento,
triste o aburrido.

Texto escrito especialmente para esta obra.

Audio 9

¡VAMOS A CANTAR!

Diego Tomé

 VOCABULARIO

Aburrido: entediado.
Contento: contente.
Sonido: som.

¡VAMOS A LEER!

¿CÓMO SE ENTRENA UN PERRO GUÍA?

Para apoyar a una persona con discapacidad visual no basta con tener una mascota dulce y adorable. [...]

Existen escuelas para formar perros guía en varios países del mundo, con programas de adiestramiento especializados. Las características que debe tener un perro guía son las siguientes:

- Debe tener un tamaño ideal, siendo las razas Golden Retriever, Labrador Retriever y Pastor Alemán las más idóneas para ejercer labores de perro guía.
- Debe ser sociable con las personas y otros animales.
- Debe seguir las órdenes o instrucciones impartidas.
- Deben ser dóciles, ágiles y fácilmente adiestrables.

Otra recomendación fundamental para educar a un perro guía es hacerlo en etapas tempranas de edad (después de las 4 semanas de edad).

VOCABULARIO

Idóneo(a): competente, capaz.
Impartida (impartir): dar ordens.
Labor: trabalho.

Día Internacional del Perro Guía. *Dia internacional de*, [s. l.], [20--]. Disponible en: https://www.diainternacionalde.com/ficha/dia-internacional-perro-guia. Accedido el: 12 mayo 2023.

1 Marca verdadero (**V**) o falso (**F**).

- ☐ Para educar a un perro guía es necesario un entrenamiento especializado.
- ☐ La mascota solo necesita ser dulce y adorable para ser un perro guía.
- ☐ El perro guía debe tener un buen tamaño, ser sociable y obediente.
- ☐ Se debe empezar el entrenamiento del perro guía con un año de edad.
- ☐ El entrenamiento del perro guía debe comenzar luego de un mes de vida.

EL TRANSPORTE HACIA LA ESCUELA

UNIDAD 4

Audio 10

—Mami, ¿mañana podemos llevar a Sofía a la escuela en nuestro auto?

—Mañana vamos en ómnibus, ¿no te acuerdas? Es la restricción de la matrícula de nuestro auto.

—¡Uy, me había olvidado! Es que tengo que llevar mi maqueta para la clase de Geografía. Y Sofía viene con la suya también.

—Hum… Entonces podemos llamar un auto por aplicación. Pero la madre de Sofía tiene que traerla hasta acá.

—Está bien. Voy a enviarle un mensaje.

VOCABULARIO

Aplicación: aplicativo.
Maqueta: maquete.
Matrícula: placa de veículos.
Restricción: rodízio.
Suya: sua/dela.

1 ¿Qué le pide Julián a su madre?

☐ Que vayan a la escuela con Sofía y su madre en ómnibus.

☐ Que lleven a Sofía con ellos a la escuela en auto.

2 ¿Julián y su madre pueden ir en auto a la escuela? ¿Por qué?

_____

_____

3 ¿Qué tienen que llevar Julián y Sofía a la escuela? Circula.

Pinturas para la clase de Arte.   Una maqueta para la clase de Geografía.

4 ¿Cómo van Julián y Sofía a la escuela? Marca con una **X**.

☐ En ómnibus con la madre de Sofía.

☐ En metro con la madre de Julián.

☐ A pie con la madre de Sofía y la madre de Julián.

☐ En auto por aplicación con la madre de Julián.

ACTIVIDAD

1 ¿Cómo va a la escuela cada niño? Completa las frases con las expresiones del cuadro.

 En ómnibus.   A pie.    En barco.    En auto.

"Como vivo un poco lejos, mi padre me lleva a la escuela antes de ir al trabajo."

a) Miguel va a la escuela _____.

"Estudio en la escuela del barrio, muy cerca de mi casa."

c) Juan va a la escuela _____.

"Vivo lejos de la escuela, en una región rodeada de ríos."

b) Selena va a la escuela _____.

"Voy a la escuela en un transporte colectivo con otros compañeros."

d) Catalina va a la escuela _____.

 ¡VAMOS A ESCUCHAR!

Audio 11

1 Escucha y escribe cómo va a la escuela cada niño.

a) Pedro

_____
_____
_____

c) Martín

_____
_____
_____

b) Mariela

_____
_____
_____

d) Julieta

_____
_____
_____

PARA CONOCER MÁS

EL GRADO COMPARATIVO Y EL GRADO SUPERLATIVO DE LOS ADJETIVOS

Se usa el **adjetivo comparativo** para comparar dos o más sujetos u objetos entre sí. Veamos:

COMPARATIVO DE SUPERIORIDAD

El metro es **más rápido que** el ómnibus.

COMPARATIVO DE IGUALDAD

El ómnibus **es tan rápido como** el auto.

COMPARATIVO DE INFERIORIDAD

El ómnibus **es menos rápido** que el metro.

El **adjetivo superlativo** es el grado máximo del adjetivo. Veamos:

- El avión es **el** medio de transporte **más rápido**.
- El avión es **el más rápido** medio de transporte.
- El avión es **rapidísimo**.

ADJETIVO	COMPARATIVO	SUPERLATIVO
bueno(a)	mejor	óptimo(a)
malo(a)	peor	pésimo(a)
grande	mayor/más grande	máximo(a)
pequeño(a)	menor/más pequeño	mínimo(a)

ACTIVIDADES

1 Completa las frases con el adjetivo correcto.

a) (bueno + comparativo de superioridad)

_____ medio de transporte en mi ciudad es el metro.

b) (bueno + superlativo)

¡Esos ómnibus nuevos son _____!

c) (lento + comparativo de superioridad)

La bicicleta es _____ el ómnibus.

d) (rápido + comparativo de igualdad)

El tren es un medio de transporte _____ el auto.

e) (cómodo + superlativo)

¡Mi transporte escolar es _____!

f) (rápida + comparativo de inferioridad)

La canoa _____ que la lancha.

2 ¿Cómo es el transporte en tu ciudad? Escribe frases utilizando los adjetivos comparativos o superlativos del cuadro.

> mejor   limpio   lleno   rápido   mayor   menor   sucio   peor

a) _____

b) _____

c) _____

d) _____

MUNDO HISPÁNICO

UN MEDIO DE TRANSPORTE INUSITADO

El Chivas Express, en Ecuador, es un tren turístico de un solo vagón, más precisamente, es un ómnibus colorido que circula por vías de tren construidas inicialmente para conectar los Andes con el océano para apreciar los bellos paisajes montañosos.

La aventura comienza en Quito con un viaje en ómnibus a la estación de Tambillo. Durante el trayecto, los turistas pueden subir al techo, respirar el aire de las montañas y sacar fotos sin restricciones.

1 ¿Qué te parece la chiva? ¿Te gustaría viajar en ella? Cuéntalo a los compañeros y al profesor.

2 ¿Paseaste alguna vez en un medio de transporte diferente? Comenta con los compañeros y con el profesor.

HORA DEL RECREO

1 ¿Vamos a construir un tren diccionario? Sigue las instrucciones del profesor.

Materiales

- rollos de papel higiénico vacío;
- pinturas diversas;
- pincel;
- tapas de botellas plásticas;
- piolín;
- plasticola;
- tijera.

Instrucciones

1. Pinta y adorna el rollo como te guste.

3. Escribe en el vagón las palabras de tu diccionario.

2. Pega cuatro o seis tapas para hacer las ruedas del vagón.

4. Haz cuatro huecos en el rollo y pasa el piolín para conectarlo a los otros vagones.

HABÍA UNA VEZ UN AVIÓN

Audio 12

¡VAMOS A CANTAR!

Había una vez un avión,
que siempre quería volar.
Y subía y bajaba,
y subía y bajaba,
y al cielo quería llegar.

        Canción infantil.

ABCD VOCABULARIO

Bajaba (bajar): descia (descer).
Cielo: céu.
Volar: voar.

¡VAMOS A LEER!

LOS AUTOS ELÉCTRICOS

Parece algo muy moderno, pero en realidad el primer motor eléctrico fue creado por el ingeniero húngaro Ányos Jedlik, alrededor de 1828. Como la batería no era recargable, parecía que los autos eléctricos fueran poco prácticos y por esto la tecnología de motores a combustión mejoró más rápidamente.

Actualmente, sobre todo con la crisis del petróleo y por los problemas causados por ello al medio ambiente, nuevamente empezaron los estudios y las mejoras en la producción de los vehículos eléctricos.

Definitivamente estos son los autos y ómnibus del futuro y ya están entre nosotros como los únicos medios de transporte sostenibles en un medio ambiente tan contaminado.

 VOCABULARIO

Alrededor: por volta de.
Combustión: combustão.
Contaminado: poluído.
Sostenible: sustentável.

Texto escrito especialmente para esta obra.

1 El auto eléctrico:
☐ es una invención nueva.   ☐ fue inventado hace muchos años.

2 ¿Por qué solamente en los últimos años empezó a mejorar la tecnología de los autos eléctricos?
☐ Debido a los problemas de contaminación causados por el uso del petróleo.
☐ Los autos eléctricos no parecían ser tan prácticos como los autos a combustión.
☐ La energía es demasiado cara para ser usada en autos.

3 ¿Cuál auto es mejor para el medio ambiente, el eléctrico o el movido por combustibles? Conversa con los compañeros y el profesor.

MI CASA Y EL MEDIO AMBIENTE

UNIDAD 5

Audio 13

— Miren la novedad: van a utilizar agua de reúso en el condominio.

— ¡Qué buena noticia!

— ¿Y eso qué es?

— Es un sistema que capta el agua de la lluvia y la conduce en canaletas hasta un tanque, donde, después, el agua pasa por un proceso de filtrado.

— Y esa agua va a ser utilizada en la limpieza del área externa del condominio y para regar las plantas.

— ¡Ah, que bien! Así ahorramos agua y ayudamos al medio ambiente.

ABCD VOCABULARIO

Ahorramos (ahorrar): economizamos (economizar).
Conduce (conducir): conduz (conduzir).
Filtrado: filtragem.
Reúso: reúso, reutilizável.

¡A VER!

1 ¿Cúal es la buena noticia que lee la madre de Nicolás?

☐ El condominio va a instalar un sistema de captación de agua de la lluvia.

☐ El condominio va a disminuir la cuenta de agua.

2 ¿Cómo funciona el sistema de captación de agua? Completa las frases.

a) El agua es captada por _____.

b) Se conduce el agua hasta un _____.

c) Después, el agua pasa por un proceso de _____.

3 ¿Para qué será utilizada el agua captada en el condominio? Circula.

a) Para llenar la piscina.　　c) Para limpiar el área externa.　　e) En la lavandería.

b) Para beber.　　d) En los baños colectivos.　　f) Para regar las plantas.

4 ¿En tu casa guardan agua de alguna forma para reúso? ¿Cómo lo hacen?

_____

ACTIVIDAD

1 ¿Qué más podemos hacer para cuidar el medio ambiente? Completa las frases con las palabras del cuadro.

> auto   bolsas   alimentos   Báñate   carne   luces

a) Come menos _____.

d) _____ rápidamente.

b) Usa _____ reutilizables para ir al supermercado.

e) Utiliza menos el _____.

c) Apaga las _____ que no estés usando.

f) No desperdicies _____.

 **¡VAMOS A ESCUCHAR!**

Audio 14

1 Escucha las acciones y marca las imágenes correspondientes.

SOY CIUDADANO

SÉ CONSCIENTE AL USAR LA ENERGÍA

El uso racional de la energía eléctrica es utilizar lo estrictamente necesario. Esto lleva a maximizar el aprovechamiento de los recursos naturales que en la actualidad comienzan a escasear en todo el mundo.

Hay muchas maneras de lograr que nuestro hogar no despilfarre energía. Mira algunas cosas que puedes poner en práctica en tu casa:

- Haz las tareas durante el día para aprovechar la luz natural.
- Evita dejar la puerta de la heladera abierta. Agarra lo que necesitas y ciérrala rápidamente.
- No te duermas con el televisor encendido.
- Saca del enchufe los aparatos electrónicos que no estés usando.

1 ¿Cómo está el consumo de energía en tu casa? Sigue las instrucciones del profesor y analiza las cuentas de energía de tu casa.

MES	CONSUMO DE ENERGÍA	VALOR PAGADO

PARA CONOCER MÁS

IMPERATIVO AFIRMATIVO

Usamos el verbo en el modo **imperativo** para dar **órdenes**, **sugerencias**, **consejos**, **instrucciones** o **hacer pedidos**.

Usen (Uds.) más la bicicleta.

Utilizad (vosotros) el transporte público.

Reciclen (Uds.) todos los embalajes.

Evitad (vosotros) usar utensilios desechables.

Mira el cuadro con los verbos **encender** y **reciclar**.

PRONOMBRE PERSONAL	ENCENDER	RECICLAR
tú	enciende	recicla
usted	encienda	recicle
nosotros(as)	encendamos	reciclemos
vosotros(as)	encended	reciclad
ustedes	enciendan	reciclen

ACTIVIDAD

1 ¿Vamos a aprender a ahorrar el agua? Completa las frases con los verbos del cuadro en el modo imperativo afirmativo.

> lavar   reutilizar   llevar   limpiar

a) _____ (tú) el agua con la que lavaste las verduras para regar las plantas.

b) _____ (nosotros) el piso con el agua del lavarropas.

c) _____ (uds.) bien los platos antes de lavarlos.

d) _____ (vosotros) siempre una botella de agua con vosotros.

HORA DEL RECREO

1 ¿Conoces el "juego del medio ambiente"? Recorta y arma el dado de la página 121 y diviértete con un compañero.

PARA EL PLANETA SALVAR

Para el planeta salvar,
la basura orgánica de la reciclable
hay que separar;
el agua y la energía ahorrar.
Se debe cuidar la naturaleza,
los animales, las plantas, los recursos
para que nuestros hijos y nietos
puedan ver estas bellezas y seguir
haciendo uso.

Texto escrito especialmente para esta obra.

Audio 15

¡VAMOS A CANTAR!

VOCABULARIO

Basura: lixo.
Reciclable: reciclável.

¡VAMOS A LEER!

HUERTA EN CASA: ¿POR QUÉ BENEFICIA AL MEDIOAMBIENTE?

"Si tienes una huerta en casa colaboras con la mejora del ecosistema: las plantas absorben el dióxido de carbono, que es el mayor gas que hay en la calle, entonces se va reciclando ese aire", explica Juan Terradas, […] que se dedica al armado y el diseño de huertas.

Y agrega: "Después, las huertas atraen mariposas, abejas, colibríes y otros insectos o aves que cumplen una función muy importante, la de agentes polinizadores […]".

Beneficios de la huerta en casa

- Brinda conexión con la naturaleza.
- El cuidado de la huerta es ideal como actividad en familia.
- Es accesible.
- Se puede armar en un espacio reducido, dentro de un cantero o en la tierra.
- Posibilita el consumo del fruto y la hoja de estación.
- Calidad en la alimentación (no hay uso de fertilizantes).
- Mejora del medio ambiente (sin proceso de producción, costos ni desechos excesivos).

VOCABULARIO

Armado: montagem.
Colibrí: beija-flor.
Desecho: resíduo.
Diseño: projeto.
Hoja: folha.
Mariposa: borboleta.

FUNDACIÓN SALUD, DEPORTE Y EDUCACIÓN. Huerta en casa: por qué beneficia al medioambiente. *Infobae*, [Buenos Aires], 5 feb. 2020. Disponible en: https://www.infobae.com/mix5411/2020/02/05/huerta-en-casa-por-que-beneficia-al-medioambiente/#:~:text=. Accedido el: 23 mayo 2023.

1 ¿Por qué es bueno tener una huerta en casa?

_____

_____

2 ¿Qué beneficios de los citados en el texto te parecen más interesantes? Conversa con los compañeros y el profesor.

¡A VER!

1 Marca verdadero (**V**) o falso (**F**).

☐ Hoy hace mucho calor.

☐ Diego sugiere un baño de mar.

☐ Mañana va a llover.

☐ Mañana va a hacer frío.

2 ¿En qué estación del año pasa el diálogo? Marca con una **X**.

VERANO 21 DE DICIEMBRE A 21 DE MARZO

OTOÑO 21 DE MARZO A 21 DE JUNIO

INVERNO 21 DE JUNIO A 23 DE SEPTIEMBRE

PRIMAVERA 23 DE SEPTIEMBRE A 21 DE DICIEMBRE

ACTIVIDADES

1 ¿Cómo está el tiempo? Saca los adhesivos de la página 129 y pégalos en los lugares correctos.

| Hace frío. | Hace calor. | Llueve. |
| Nieva. | Está nublado. | Está seco. |

2 Saca los adhesivos de la página 129 y pega los complementos que los niños necesitan.

a)

Hoy llueve. Necesito el impermeable, el paraguas y las botas.

b)

Va a hacer mucho frío hoy. Voy a ponerme los guantes un pulóver y una chaqueta.

c)

¡Qué calor! Vamos a llevar a la playa la sombrilla, el protector solar, el biquini y el traje de baño.

Audio 17

1 Escucha y escribe que tiempo hace en cada ciudad.

a)

_____

_____

_____

c)

_____

_____

_____

b)

_____

_____

_____

d)

_____

_____

_____

PARA CONOCER MÁS

VERBOS CLIMÁTICOS O METEOROLÓGICOS

Los tiempos climáticos o meteorológicos son los que nombran los fenómenos atmosféricos o del clima. Son verbos siempre defectivos, pues no se conjugan completos, ya que solo utilizan la tercera persona del singular, sin mencionarla. Observa:

Lloviznar
Presente – llovizna
Pasado – lloviznó
Futuro – lloviznará

Llover
Presente – llueve
Pasado – llovió
Futuro – lloverá

Nublarse
Presente – se nubla
Pasado – se nubló
Futuro – se nublará

Nevar
Presente – nieva
Pasado – nevó
Futuro – nevará

Las frases con verbos climatológicos no llevan sujeto, son oraciones impersonales. Mira:

- Ayer **nevó** mucho en las sierras.
- En invierno **oscurece** muy temprano en la Patagonia.
- La noche pasada **heló** en toda la cordillera.

Mira algunos de los verbos climatológicos más usados en español.

- **Aclarar:** clarear.
- **Amanecer:** amanhecer.
- **Anochecer:** anoitecer.
- **Atardecer:** entardecer.
- **Chispear:** chuviscar.
- **Clarear:** clarear.
- **Escampar:** desanuviar o céu/estiar.
- **Escarchar:** gelar.
- **Granizar:** chover granizo.
- **Helar:** gear.
- **Llover:** chover.
- **Lloviznar:** garoar.
- **Nublarse:** nublar.
- **Oscurecer:** escurecer.
- **Relampaguear:** relampear.
- **Tronar:** trovoar.
- **Ventear:** ventar.

ACTIVIDAD

1 Conoce a María Regina, de Cartagena, Colombia, y su amiga Rosita, de la Patagonia, Argentina. Ellas están hablando sobre el clima en sus países. Completa el texto con la forma correcta de los verbos climáticos.

María Regina:
¿Y cómo _____ (ser) el tiempo en Patagonia?

Rosita:
En verano _____ (hacer) calor, pero a veces _____ (llover) y _____ (poder) helar fuera de estación.

¿Y en invierno, cómo es?

En invierno generalmente _____ (llover) y _____ (helar) en el norte. En el sur, sin embargo, _____ (hacer) mucho frío y _____ (nevar).

¡Mamita, qué frío!

Sí, pero también es muy divertido. ¿Y tú has visto nevar alguna vez?

¡No! En Cartagena nunca _____ (helar) ni _____ (nevar). Solo tenemos dos estaciones: una en qué _____ (ventear) mucho, _____ (llover), _____ (nublarse) y hay huracanes.

¡Qué miedo! ¿Y cuál es la otra estación, entonces?

En la otra _____ (hacer) mucho calor, el cielo _____ (clarear) mucho y _____ (amanecer) muy temprano.

¡Qué tiempo loco!, ¿no?

MUNDO HISPÁNICO

UN NIÑO SUDAMERICANO DEFENSOR DEL MEDIO AMBIENTE

Francisco Javier Vera Manzanares es un joven ambientalista colombiano, fundador del **Guardianes por la vida**, un movimiento formado por más de 450 niños de Sudamérica. Cuando tenía 9 años, Francisco le preguntó a su madre si podía crear un movimiento infantil para defender el medioambiente. Ella le dijo que sí, pero no se imaginaba que pasaría después. Francisco salió a la calle con unos compañeros y empezó una marcha que acabó con él discursando en el centro de Villeta, la ciudad donde vive. Así nació el **Guardianes por la Vida**, un grupo de jóvenes activistas que promueve acciones para mitigar el impacto del cambio climático.

El fenómeno del calentamiento global promueve un aumento de la temperatura media de los océanos y de la atmósfera terrestre en todo el planeta. A causa de eso, hay cada vez más sequías, olas de calor o lluvias torrenciales. La principal causa del calentamiento es la emisión de gases que retienen el calor dentro de la atmósfera. Ellos causan lo que se llama efecto invernadero y son producidos principalmente por el uso de los combustibles fósiles: carbón, petróleo y gas. Para hablar de ese tema con los niños, Francisco escribió un libro en que explica de manera sencilla qué es el cambio climático y cómo nos afecta.

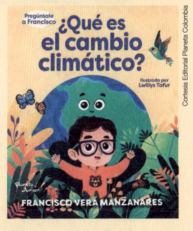

1. ¿Qué podemos hacer para evitar los daños del calentamiento global? Sigue las instrucciones del profesor y haz una investigación

HORA DEL RECREO

1 ¿Vamos a hacer un experimento para observar el efecto invernadero? Sigue las instrucciones.

Materiales:

- dos frascos;
- dos termómetros;
- papel de aluminio;
- una fuente de luz (una lámpara o el sol).

Instrucciones

1. Coloca los termómetros dentro de los frascos.

2. Cubre la abertura de uno de los frascos con papel de aluminio.

3. Deja los dos frascos bajo la fuente de luz durante un tiempo.

4. Observa por algunas horas y apunta el cambio de temperatura de los frascos.

- ¿Qué pasó? Analiza tus apuntes y conversa con los compañeros y el profesor.

QUE LLUEVA, QUE LLUEVA

Que llueva, que llueva,
la virgen de la cueva,
los pajaritos cantan,
las nubes se levantan.
¡Que sí! ¡Que no!
Que caiga un chaparrón,
con azúcar y turrón,
que rompan los cristales
de la estación.
Que siga lloviendo,
los pájaros corriendo,
florezca la pradera
al sol de primavera.
¡Que sí! ¡Que no!
Que caiga un chaparrón,
con azúcar y turrón,
que rompan los cristales
de la estación.
¡Que no me moje yo!

Canción infantil.

VOCABULARIO

Chaparrón: chuvarada, temporal.
Cristales: vidraças.
Cueva: gruta, caverna.
Moje (mojar): molhe (molhar).
Pradera: pradaria.
Turrón: torrone.

¡VAMOS A CANTAR!

¡VAMOS A LEER!

¿POR QUÉ SE CAEN LAS HOJAS DE LOS ÁRBOLES EN OTOÑO?

La respuesta tiene que ver con la fotosíntesis. Las plantas utilizan la energía del sol para el proceso de la fotosíntesis, mediante el cual fabrican la clorofila, pigmento que les da el color verde y con el que fabrican sus alimentos para poder realizar sus funciones vitales.

En otoño e invierno hay menos horas de luz solar y como consecuencia los árboles no pueden llevar a cabo este proceso. Se detiene la producción de clorofila, las hojas se vuelven amarillas y luego se caen, porque no tienen nutrientes. Pero, como sabes, los árboles no se mueren, quedan en estado latente hasta la primavera. El viento y la lluvia las hacen caer.

¿POR qué se caen las hojas de los árboles en otoño? *Muy Interesante*, [Ciudad de México], 20 sept. 2019. Muy Junior. Disponible en: https://www.muyinteresante.com.mx/preguntas-y-respuestas/hojas-otono. Accedido el: 24 mayo 2023.

VOCABULARIO

Detiene (detener): interrompe (interromper).
Hoja: folha.
Latente: inativo.
Llevar a cabo: completar.
Vital: essencial para a vida.

1. ¿Por qué los árboles no pueden producir clorofila durante el otoño y el invierno?

_____

2. ¿Qué pasa con las hojas cuando los árboles dejan de producir la clorofila?

_____

3. ¿En el lugar en donde vives caen muchas hojas en otoño? Conversa con los compañeros y el profesor.

RECICLAR PARA VIVIR MEJOR

UNIDAD 7

— Vamos, Lupe. Hoy es el día de llevar los reciclables al estacionamiento del super.

— ¿Al super? ¿Por qué?

— Es que allá hay un puesto de una cooperativa que recoge los reciclables.

— ¡Ah, qué bien! En mi casa no separamos la basura. ¿Es muy complicado?

Audio 19

— ¡No, es muy fácil! Primero hay que separar la basura orgánica de la reciclable. Después, hay que limpiar los materiales y clasificarlos por tipo: metal, papel, plástico, vidrio...

— Y en la cooperativa también reciben baterías, pilas y aceite usado.

ABCD VOCABULARIO

Basura: lixo.
Pila: pilha.
Recoge (recoger): recolher, coletar.
Vidrio: vidro.

 **¡A VER!**

1 ¿Adónde van Guadalupe y su padre? ¿Qué van a hacer allá? Marca con una **X**.

☐ Van al supermercado.

☐ Van a la tienda de electrónicos.

☐ Van a hacer compras para llevar a la cooperativa.

☐ Van a llevar los reciclables al puesto de la cooperativa.

2 ¿En la casa de Sofía se hace reciclaje?

_____

3 Numera las etapas del reciclaje.

☐ Llevar los materiales a un puesto de recolecta.

☐ Separar la basura orgánica de la reciclable.

☐ Limpiar los materiales reciclables.

☐ Clasificar los reciclables por tipo.

4 ¿Qué otros materiales recoge la cooperativa? Circula.

1 ¿Conoces los colores de los contenedores de recolecta selectiva? Pinta los cuadritos de acuerdo con los subtítulos.

🔵 Papel 🔴 Plástico 🟢 Vidrio 🟡 Metal ⚫ Orgánico

Botella de agua — Lata de gaseosa — Sobras de alimentos

Caja de leche — Cáscara de banana — Olla

Envase de yogur — Tarro de jalea — Cáscaras de huevos

Botella de jugo — Sobra de manzana — Caja de huevos

Borra de café — Tapitas de botella — Bolsa de supermercado

 **¡VAMOS A ESCUCHAR!**

Audio 20

1 Saca los adhesivos de la página 131 y pégalos en el contenedor correcto de acuerdo con el nombre de los materiales que escuches.

Metal

Vidrio

Papel

Plástico

SOY CIUDADANO

COLABORA CON EL RECICLAJE

Conoce algunas formas para colaborar con el reciclaje:

- **Ecopuntos** son los locales proyectados para promover el manejo sustentable de los residuos. Estos locales reciben los materiales de la recolecta formal e informal y cuentan con adecuada clasificación, acondicionamiento y tratamiento de los residuos.

- **Recolecta selectiva** es el proceso de separación de la basura en diferentes contenedores para que sean recogidos separadamente y reciclados. Hay días específicos en la semana en que un camión especial recoge la basura reciclable.

- **Cooperativas de basura reciclable** son organizaciones que recuperan la basura y promueven entre los vecinos la separación de los materiales reciclables. La basura es seleccionada, clasificada y vendida.

1. ¿Hay opciones para el reciclaje en tu barrio? Haz una investigación y completa el cuadro. Sigue las orientaciones del profesor.

ECOPUNTOS	RECOLECTA SELECTIVA	COOPERATIVAS DE BASURA RECICLABLE

HORA DEL RECREO

1 ¡Vamos a reciclar y ahorrar! Recorta los moldes de la página 123 y sigue las orientaciones del profesor para hacer una alcancía.

PARA CONOCER MÁS

GERUNDIO VS. PRESENTE DE INDICATIVO

Se usa el presente de indicativo para hablar de cosas que ocurren durante un tiempo más o menos largo.

La cooperativa **separa** los materiales reciclables todos los días.

Mi escuela **hace** la recolecta selectiva durante todo el año.

Se usa el **gerundio** para hablar de cosas que están ocurriendo en el mismo momento en que se habla.

Estamos separando la basura reciclable hoy.

Pedro **está tirando** la basura reciclable en el contenedor.

ACTIVIDADES

1 Marca con una **X** la forma correcta y completa las frases.

a) La recolecta selectiva _____ todos los lunes.
   ☐ ocurre   ☐ está ocurriendo

b) Hoy Felipe _____ a su madre con el material reciclado.
   ☐ ayuda   ☐ está ayudando

c) El Ecopunto _____ todos los días los materiales de la recolecta formal e informal.
   ☐ recibe   ☐ está recibiendo

d) Este mes la escuela _____ una semana de concientización ambiental.
   ☐ organiza   ☐ está organizando

2 ¿Qué está ocurriendo ahora? Escríbelo.

a)

b)

_____   _____

_____   _____

_____   _____

_____   _____

COHETE INTERGALÁCTICO

Con papeles y cajas de cartón,
puedo, si quiero, crear un avión.
Juntando mucho plástico,
armo un cohete intergaláctico.

Audio 21

Texto escrito especialmente para esta obra.

¡VAMOS A CANTAR!

Diego Tomé

ABCD VOCABULARIO

Cohete: foguete.

¡VAMOS A LEER!

BRASIL ESTÁ ENTRE LOS MAYORES RECICLADORES DE LATAS DE ALUMINIO

Brasil llegó al final de 2020 como uno de los principales recicladores de latas de aluminio del mundo. En un estudio de la Asociación Brasileña de Fabricantes de Latas de Aluminio (Abralatas), el país muestra un índice de reciclaje del 97,4%. [...]

Brasil ocupa el tercer lugar entre los mayores mercados mundiales de latas de aluminio, según informó Abralatas. En 2020 se consumieron casi 32.000 millones de latas en Brasil.

En noviembre del año pasado, Abralatas y Abal firmaron un término de compromiso con el Ministerio de Medio Ambiente para ampliar la gestión de recogida y el reciclaje de latas de aluminio para bebidas.

En el término, las asociaciones se comprometen a mantener la tasa de reciclaje de latas en el 95%, en cumplimiento de la Política Nacional de Residuos Sólidos (PNRS).

Brasil [...]. *Agência Brasil*, [s. l.], 2021. Disponible en: https://agenciabrasil.ebc.com.br/es/geral/noticia/2021-04/brasil-esta-entre-los-mayores-recicladores-de-latas-de-aluminio. Accedido el: 26 mayo 2023.

VOCABULARIO

Firmaron (firmar): assinaram (assinar).
Tasa: taxa.
Término: termo, acordo.

1 Marca verdadero (**V**) o falso (**F**).

☐ Brasil es uno de los principales recicladores de latas de aluminio del mundo.

☐ En 2020 se consumieron más de 32.000 millones de latas en Brasil.

☐ En el término de compromiso, las asociaciones se comprometen a aumentar la tasa de reciclaje.

☐ La tasa de reciclaje del 95% cumple la Política Nacional de Residuos Sólidos (PNRS).

2 ¿En el lugar dónde vives hay colectores o puestos de reciclaje de latas de aluminio? Comenta con los compañeros y el profesor.

LA ENERGÍA

UNIDAD 8

— Bueno, niños, vamos al resumen. Vamos a clasificar los dos tipos de energía: renovables y no renovables.

— La energía eólica es renovable, pues se genera con la fuerza del viento.

— La energía solar también, pues es producida por la luz y el calor del sol.

— El biogás también es renovable, pues se produce con basura orgánica.

Audio 22

— ¡Muy bien! ¿Y las no renovables, cuáles son?

— El carbón y el petróleo.

— Que además de no renovables, son muy contaminadoras.

ABCD VOCABULARIO

Carbón: carvão.
Contaminador(a): poluente.
Genera (generar): gera (gerar).
Renovable: renovável.
Resumen: resumo.

1 Completa las pizarras con las informaciones del resumen de los niños.

2 ¿Cómo se genera cada tipo de energía? Completa con las informaciones del cuadro.

> Fuerza del viento.   Luz y calor del sol.   Basura orgánica.

Biogás.

Eólica.

Solar.

_____   _____   _____

_____   _____   _____

3 ¿Cuáles son los tipos de energía no renovable? ¿Cuál es la principal característica de ellos?

_____

_____

_____

ACTIVIDADES

1 Completa el crucigrama con los tipos de energía.

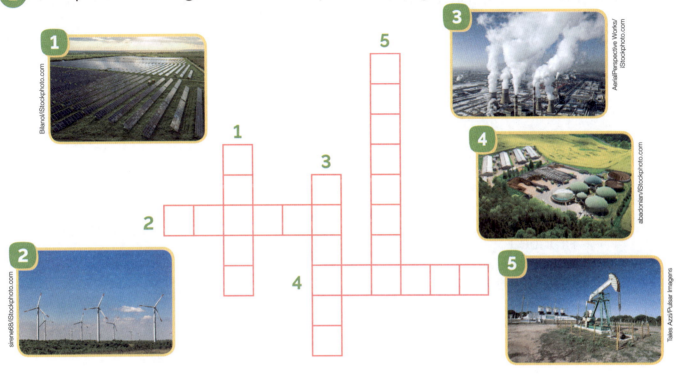

2 ¿Qué tipo de energía o combustible usan esos elementos? Haz una investigación y escribe.

a)

b)

c)

d)

e)

f)

_____   _____   _____

_____   _____   _____

 ¡VAMOS A ESCUCHAR!

Audio 23

1 Vas a escuchar informaciones sobre un tipo de energía. Marca todo lo que oyes.

- ☐ Energía solar.
- ☐ Energía eólica.
- ☐ Energía del biogás.
- ☐ Limpia.
- ☐ Práctica.
- ☐ Contaminadora.
- ☐ La produce el sol.
- ☐ La produce el viento.
- ☐ La produce la basura orgánica.
- ☐ Se guarda en grandes baterías.
- ☐ No tiene humo.
- ☐ Tiene humo.
- ☐ No tiene contaminación.
- ☐ No destruye bosques.
- ☐ Destruye bosques.
- ☐ No destruye selvas.
- ☐ Destruye selvas.
- ☐ No hace ruido.
- ☐ Hace ruido.
- ☐ No hace olor.
- ☐ Hace olor.

2 Describe las otras formas de energía usando las palabras y expresiones de arriba.

a) La energía eólica

_____
_____
_____
_____

b) El petróleo

_____
_____
_____
_____
_____

PARA CONOCER MÁS

EL FUTURO

Se usa el futuro para hablar de acciones que van a ocurrir y de planes futuros.

En el futuro se **usarán** más autos eléctricos.

El próximo mes **conoceremos** una usina de biogás.

Pronto **viviré** en una casa con energía solar.

En el futuro, la basura orgánica **será** usada como energía.

	USAR	CONOCER	VIVIR
Yo	usaré	conoceré	viviré
Tú	usarás	conocerás	vivirás
Él/Ella/Ud.	usará	conocerá	vivirá
Nosotros (as)	usaremos	conoceremos	viviremos
Vosotros (as)	usaréis	conoceréis	viviréis
Ellos/Ellas/Uds.	usarán	conocerán	vivirán

1 Pinta los verbos que están en el futuro.

| tomaré | voy | tomo | comeré | veo |

| veremos | iré | juego | como | jugaremos |

| conversaremos | economizaré | calentó | generará | sé |

| ayudamos | estoy | escribimos | reciclaréis | dicen |

2 Ahora, elige dos verbos de los que pintaste y escribe una frase con cada uno.

_____

_____

_____

_____

3 Escribe que harás en el futuro.

a) Mañana: _____

_____

b) La próxima semana: _____

_____

c) El próximo mes: _____

_____

d) El próximo año: _____

_____

SOY CIUDADANO

NO DESPERDICIES ENERGÍA

Podemos ayudar al planeta con pequeñas acciones que, unidas, hacen una gran diferencia. Si cada uno de nosotros tomamos una mayor consciencia y damos unos pequeños pasos en nuestras vidas diarias, podremos lograr cambios muy grandes.

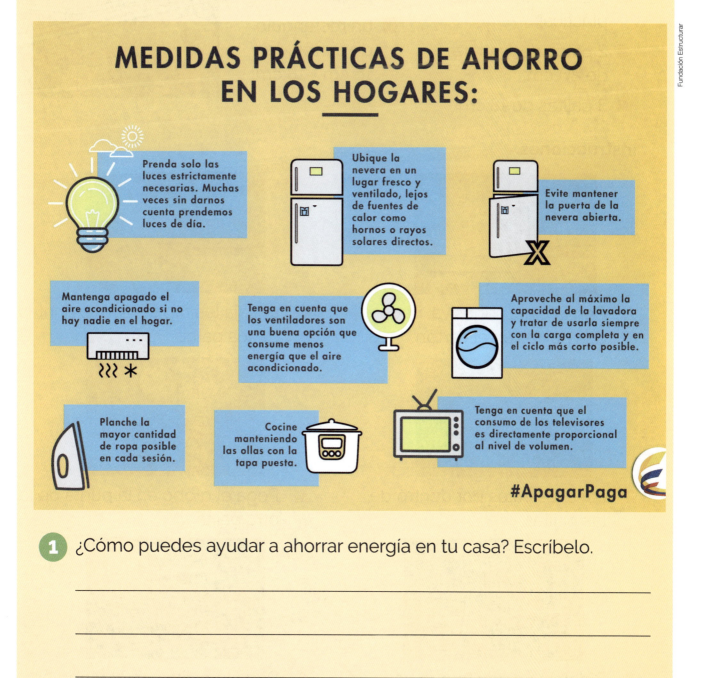

1. ¿Cómo puedes ayudar a ahorrar energía en tu casa? Escríbelo.

HORA DEL RECREO

1 Vamos a ver la utilización de la energía eólica. Sigue las instrucciones y haz un auto globo.

Materiales:

- un globo;
- 4 tapitas de botella plástica;
- 2 palos de madera de 20 cm;
- 3 pajitas de 18 cm;
- cinta adhesiva;
- tijera;
- un rectángulo de cartón de 16 cm × 18 cm.

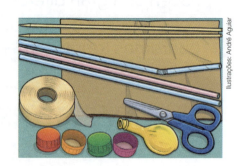

Instrucciones:

1. Con la cinta adhesiva, pega dos pajitas en el cartón.

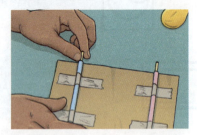

2. Pasa los palos por dentro de las pajitas.

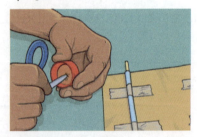

3. Pídele a un adulto que haga un hueco en las cuatro tapitas.

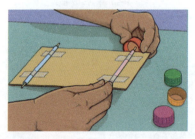

4. Encaja las tapitas en las puntas de los palos.

5. Pega el globo en la punta de la otra pajita.

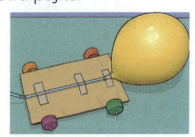

6. Pega la pajita con el globo en el cartón. ¡Está listo!

TIPOS DE ENERGÍA

Audio 24

Hay varios otros tipos de energía:
la eólica es del viento que en la playa siento,
y mueve, alegres, los molinos de viento.
La solar te ayuda también a ahorrar.

Texto escrito especialmente para esta obra.

¡VAMOS A CANTAR!

AB CD VOCABULARIO

Ahorrar: economizar.
Molino: moinho.

 **¡VAMOS A LEER!**

QUIJOTE: LA AVENTURA DE LOS MOLINOS DE VIENTO

En esto, descubrieron treinta o cuarenta molinos de viento en aquel campo, y así que don Quijote los vio, dijo a su escudero:

—La aventura va guiando nuestras cosas mejor de lo que deseábamos; porque ves allí, amigo Sancho Panza, treinta o más desaforados gigantes, con quienes pienso hacer batalla.

—¿Qué gigantes? — dijo Sancho Panza.

—Aquellos que allí ves — respondió su amo —, de los brazos largos, que suelen tener casi dos leguas.

—Mire, vuestra merced, — respondió Sancho — que aquellos no son gigantes, sino molinos de viento, y lo que parecen brazos son las aspas, que, volteadas del viento, hacen andar la piedra del molino.

—Bien parece — respondió don Quijote — que no estás cursado en las aventuras: son gigantes; y si tienes miedo quítate y ponte a orar, que yo voy a entrar con ellos en fiera y desigual batalla.

Con la lanza en el ristre, arremetió a todo el galope de Rocinante y embistió con el primer molino que estaba delante; y dándole una lanzada en el aspa, la volvió el viento con tanta furia, que hizo la lanza pedazos, llevándose al caballo y al caballero, que fue rodando maltrecho por el campo.

Acudió Sancho Panza a socorrerle:

—¡Válgame Dios! —dijo Sancho—. ¿No le dije a vuestra merced que no eran sino molinos de viento?

Don Quijote de La Mancha. Trecho reescrito por la autora.

 **VOCABULARIO**

Aspa: haste.
En el ristre: levantado, erguido.
Fiera: feroz.
Maltrecho: maltratado.
Suelen (soler): costumam (costumar).

1 ¿Qué encontraron Don Quijote y Sancho Panza?

☐ Gigantes.   ☐ Molinos de viento.

2 ¿Qué le pasó a Don Quijote en la batalla? Escribe en el cuaderno.

3 En una hoja de papel, haz un dibujo para ilustrar el texto.

1 ¿Cuáles son las profesiones? Lee las informaciones del cuadro y completa el crucigrama.

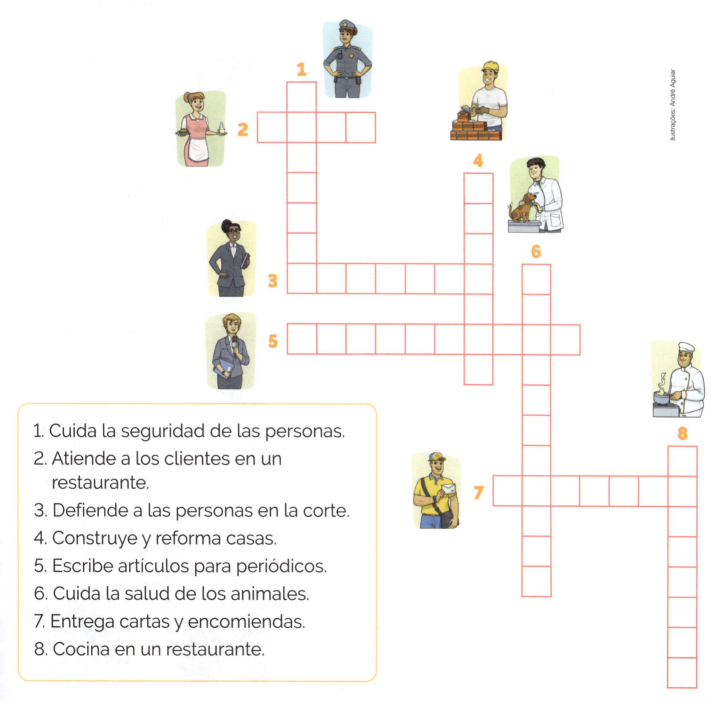

1. Cuida la seguridad de las personas.
2. Atiende a los clientes en un restaurante.
3. Defiende a las personas en la corte.
4. Construye y reforma casas.
5. Escribe artículos para periódicos.
6. Cuida la salud de los animales.
7. Entrega cartas y encomiendas.
8. Cocina en un restaurante.

¡JUGUEMOS MÁS!

2 ¿Qué deportes practican? Lee las frases y responde con las palabras del cuadro.

> fútbol   natación   atletismo   tenis

a) Gabriel Bandeira conquistó la primera medalla brasileña en los Juegos Paralímpicos de Toquio y es un fenómeno de las piletas.

_____

b) La brasileña Marta Vieira da Silva es la única mujer elegida seis veces como la mejor jugadora del mundo.

_____

c) El español Rafael Nadal es conocido como "el extraterrestre" y ganó 14 veces la competición Roland Garros.

_____

d) Caterine Ibarguen es una saltadora colombiana bicampeona mundial y campeona olímpica de salto triple.

_____

3. Une las imágenes a las palabras.

a)

■ Perro guía.

b)

■ Muletas.

c)

■ Lengua de signos.

d)

■ Bastón.

e)

■ Sistema Braille.

f)

■ Silla de ruedas.

■ ¿A qué tipo de discapacidad atienden esas tecnologías asistivas? Circula las imágenes anteriores según los subtítulos.

 visual   auditiva   motriz

4 ¿Qué medios de transporte se puede usar para ir a la escuela? Encuentra seis opciones en la sopa de letras. Después, contesta las preguntas.

O	Y	E	F	H	K	W	P	U	A	F	B	J	Y	W	Q
Y	O	J	A	C	P	K	W	Q	V	D	D	L	M	X	V
Q	C	Z	W	Z	D	F	V	X	E	P	N	V	E	G	J
J	H	Ó	X	D	W	A	U	T	O	K	W	B	T	G	B
Z	C	N	M	J	M	D	O	W	B	B	W	B	R	O	I
J	B	O	A	N	A	Y	W	X	X	V	Y	S	O	B	C
A	V	S	E	I	I	Y	S	D	V	E	Q	M	I	D	I
Z	Q	T	Y	J	P	B	Z	O	M	K	T	P	E	E	C
F	F	L	R	F	U	S	U	C	K	H	Q	Z	T	N	L
W	X	S	H	U	B	E	J	S	T	H	W	V	S	K	E
Y	G	B	U	S	X	Q	T	G	A	I	A	W	I	I	T
L	F	B	A	R	C	O	J	Z	E	Z	P	R	V	D	A
G	V	A	L	R	U	M	N	M	Z	P	I	S	E	G	Q
Z	D	U	N	O	X	W	R	X	D	A	E	V	R	Z	K
K	R	G	X	A	F	M	X	X	X	E	Q	T	I	A	J

a) ¿Cómo se puede ir a la escuela que está cerca de casa?
_____

b) ¿Cuál medio de transporte de la sopa de letras es el más rápido?
_____

c) ¿Cuál medio de transporte de la sopa de letras es más seguro?
_____

d) ¿Cuál medio de transporte de la sopa de letras contamina menos el medio ambiente?
_____

5 ¿Qué haces para cuidar el medio ambiente? Pinta los cuadritos de las imágenes de acuerdo con los subtítulos.

○ Hago con frecuencia.   ○ Puedo mejorar.   ○ Nunca lo hice.

a) Ahorro energía eléctrica.

d) Riego las plantas.

g) Aprovecho la luz natural.

b) Siembro árboles.

e) Reúso el agua u otros objetos.

h) Uso bolsas reutilizables.

c) Separo y reciclo la basura.

f) Como menos carne.

i) Evito el uso de desechables.

6 ¿Cómo es el tiempo en tu ciudad en cada estación del año? Completa el cuadro con las informaciones.

VERANO	
OTOÑO	
INVIERNO	
PRIMAVERA	

7 Numera los elementos de acuerdo con los subtítulos.

1. Uso cuando llueve.
2. Uso cuando hace frío.
3. Uso cuando hace calor.
4. No uso nunca.

☐ Paraguas.   ☐ Traje de baño.   ☐ Botas.
☐ Chaqueta.   ☐ Pulóver.   ☐ Guantes.
☐ Protector solar   ☐ Impermeable.   ☐ Sombrilla.

8 Observa las imágenes y marca la opción más correcta para cada situación. Utiliza la regla de las 3Rs.

a) ⬜ Reducir.
⬜ Reutilizar.
⬜ Reciclar.

c) ⬜ Reducir.
⬜ Reutilizar.
⬜ Reciclar.

b) ⬜ Reducir.
⬜ Reutilizar.
⬜ Reciclar.

d) ⬜ Reducir.
⬜ Reutilizar.
⬜ Reciclar.

9 Haz una investigación y apunta las ventajas y desventajas de cada tipo de energía.

ENERGÍA SOLAR	ENERGÍA EÓLICA

BIOGÁS	PETRÓLEO

¡JUGUEMOS MÁS!

10 Vamos a prepararnos para las fiestas de fin de año. Une las felicitaciones a las fechas.

a) ¡Feliz Navidad!

■ 31 de diciembre

b) ¡Feliz Noche Buena!

■ 25 de diciembre

c) ¡Feliz Noche Vieja!

■ 24 de diciembre

d) ¡Feliz Año Nuevo!

■ 1er de enero

11 ¿Cuáles son tus propósitos de Año Nuevo? Marca con una **X** y, después, escribe frases usando el futuro.

☐ Sacar mejores notas.
☐ Leer más.
☐ Pasar menos tiempo en internet.

☐ Hacer actividad física.
☐ Comer de forma más sana.
☐ Conocer lugares nuevos.

_____
_____
_____
_____
_____

DÍA MUNDIAL DEL MEDIO AMBIENTE

5 DE JUNIO

Ilustrações: Estúdio Dois de Nós

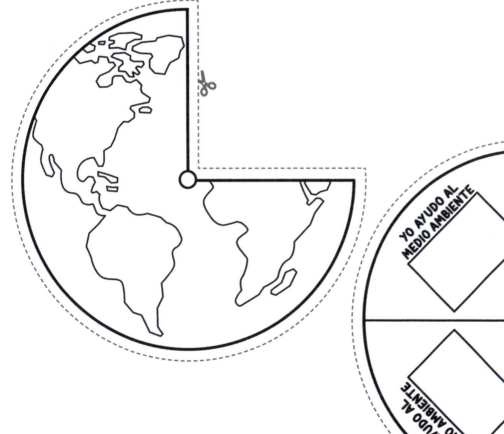
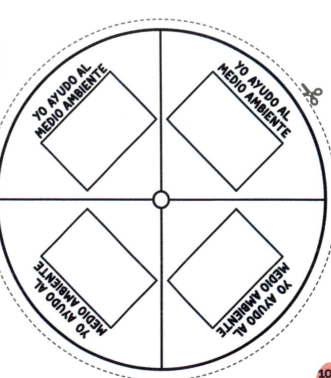

DÍA DEL RESPETO A LA DIVERSIDAD CULTURAL

12 DE OCTUBRE

DICCIONARIO VISUAL

A

Abogado(a)

Albañil

Antiparras

Arquitecto(a)

Ascensor

B

Balonmano

Básquet

Bastón

Biquini

Bombero(a)

Botas

Braille

C

Cantante

Carpintero(a)

Cartero(a)

Casco

Cesto

Chaqueta

Chofer

Ciclismo

Cinturón

Cocinero(a)

D

Dentista

Dependiente(a)

Doctor(a)

E

Enfermero(a)

F

Fútbol

G

Gorra

Guantes

I

Impermeable

Ingeniero(a)

K

Kimono

L

Lengua de señas

M

Maestro(a)

Meta

Mozo(a)

Muletas

N

Natación

O

Obstáculo

P

Panadero(a)

Paraguas

Peluquero(a)

Periodista

Perro guía

Piragua

Piragüismo

Plomero(a)

Podotáctil

Protector solar

Prótesis

Pulóver

R

Rampa de acceso

Raqueta

Red

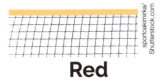
Remo

S

Silla de ruedas

Sombrilla

T

Tenis

Traje de baño

V

Veterinario(a)

Voleibol

Y

Yudo

PISTAS DE AUDIO

UNIDAD 1
1 – La gente y el trabajo 15
2 – ¿Qué hacen tus padres? 18
3 – San Serenín 23

UNIDAD 2
4 – Los deportes 25
5 – ¿Qué deportes les gustan? ... 28
6 – Deportes 33

UNIDAD 3
7 – ¿Diferente? 35
8 – Personas inspiradoras 41
9 – Como veo el mundo 43

UNIDAD 4
10 – El transporte hacia la escuela 45
11 – ¿Cómo va cada uno a la escuela? 48
12 – Había una vez un avión 53

UNIDAD 5
13 – Mi casa y el medio ambiente 55
14 – Cuidando el medio ambiente 58
15 – Para el planeta salvar 63

UNIDAD 6
16 – El tiempo 65
17 – ¿Qué tiempo hace? 68
18 – Que llueva, que llueva 73

UNIDAD 7
19 – Reciclar para vivir mejor 75
20 – Materiales reciclables 78
21 – Cohete intergaláctico 83

UNIDAD 8
22 – La energía 85
23 – Informaciones sobre un tipo de energía 88
24 – Tipos de energía 93

UNIDAD 2

Página 32

UNIDAD 2

Página 32

UNIDAD 2

Página 32

YUDO	ATLETISMO
POLO ACUÁTICO	CICLISMO
FÚTBOL	VOLEIBOL

UNIDAD 2

Página 32

BÁSQUET	GIMNASIA
NATACIÓN	BALONMANO
MONOPATÍN	SURF

UNIDAD 5
Página 62

UNIDAD 7
Página 80

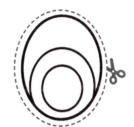

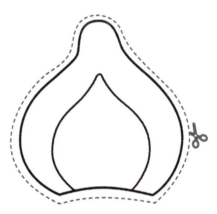
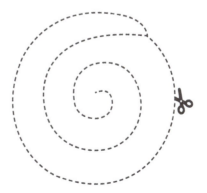

¡JUGUEMOS!

Página 10

Página 13

UNIDAD 2

Página 32

UNIDAD 3
Página 42

  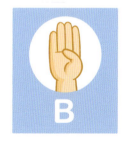

UNIDAD 6

Página 66

Página 67

UNIDAD 7
Página 78

Liudmila Chernetska/ iStockphoto.com

Natalia Shabasheva/ iStockphoto.com

Elena Polovinko/ Shutterstock.com

Winai Tepsuttinun/ Shutterstock.com

nndanko/iStockphoto.com

Mr. SUTTIPON YAKHAM/ Shutterstock.com

fotofermer/iStockphoto.com

NLAURIA/ iStockphoto.com